L7K
874

7
LK 874.

NOTICE
SUR UN MANUSCRIT

INTITULÉ :

Recueil mémorable d'aulcuns cas advenus depuis l'an du salut 1572, tant à Beauvais qu'ailleurs.

Par M. FABIGNON,

MEMBRE TITULAIRE NON RÉSIDANT DE LA SOCIÉTÉ DES ANTIQUAIRES DE PICARDIE.

Extrait du tome V des Mémoires de la Société des Antiquaires de Picardie.

AMIENS,

DUVAL et HERMENT, Imprimeurs de la Société des Antiquaires de Picardie, place Périgord, n.° 1.

1842.

1843

NOTICE

SUR UN MANUSCRIT

INTITULÉ :

Recueil mémorable d'aulcuns cas advenus depuis l'an du salut 1572 tant a Beauvais qu'ailleurs.

Messieurs,

Je viens vous rendre compte d'un manuscrit trouvé dans la bibliothèque de M. Le Mareschal, mais appartenant à la famille Borel, et faisant partie de la bibliothèque du château de Bachivillers : il vous a déjà été communiqué : il est d'un format petit in-4°, relié en veau brun, ancien ; il se compose de 101 feuillets, dont l'un manque, soit qu'il ait été adiré, soit plutôt, comme je le présume, qu'il y ait eu erreur dans le cottage des feuillets ; car il ne résulte de cette lacune aucune interruption dans le narré des faits. L'écriture de ce manuscrit, qui date de la fin du XVIe siècle, est assez lisible d'un bout à l'autre, quoiqu'il faille d'abord s'y habituer. Cependant il m'a été impossible de déchiffrer les trois dernières pages dont l'écriture fourmille d'abréviations et se forme de linéaments fort tenus et quelquefois incomplets.

Ce manuscrit contient le récit des principaux événements qui se sont passés tant à Beauvais qu'ailleurs depuis le commencement de l'année 1572 jusqu'en l'année 1593

L'auteur de ces mémoires ne s'est point nommé. Un certain passage donne lieu de croire qu'il était marchand de laines à Beauvais. Du reste il ne paraît en aucune manière avoir fait partie ni du corps de ville, ni d'aucune corporation civile ou militaire ayant eu quelque influence de son temps : il raconte ; il est frondeur quelquefois ; il indique quelques événements, déclarant qu'il ne sait au juste ce qui en est : enfin ses mémoires sont excellents à consulter pour la série des événements de cette époque, événements peu connus jusqu'à présent, et qui deviennent surtout intéressants durant le temps de la Ligue.

Si l'on ne s'arrête qu'aux années qui se sont écoulées depuis 1573 jusqu'à 1589, l'on trouve à peu près les mêmes faits. Ce ne sont que contagions, fièvres, pestes fréquentes, coqueluches, petites véroles, incendies, gelées, dégels, inondations et autres fléaux qui ont affligé le pays durant ces années réellement désastreuses. L'on voit aussi de temps à autre des météores lumineux effrayant les populations. Aussi les expansions du culte catholique reviennent assez souvent; le zèle religieux redouble; et c'est l'époque des processions connues dans l'histoire sous le nom de processions blanches.

Voici, Messieurs, la description de quelques-unes de ces processions (folios 15 et 16 du manuscrit).

« Le jour de St.-Michel, 29 septembre 1583, vin-
» drent en processions en nostre ville la pluspart des
» habitants de Mouy, tant hommes, femmes que en-
» fans, assistés du clergé qui portoit le Saint-Sacre-
» ment, estant tous vestus d'un linge blanc, portant
» une croix de bois à la main, ou y avoit une chan-
» delle de cire ardente, chantant les hommes la li-
» tanie, les femmes et enfans chantoient ung verset
» d'une des proses de la Vierge *Ave Maria domini mei*
» *mater alma celica plena gratia ;* et estant tous ar-
» rivés en la grande église St.-Pierre, fut chanté la
» messe, et puis leur fut fait une prédication par
» mons^r. Lucquin; puis après furent conduits aux cor-
» deliers, ou messieurs de la ville leur donnèrent à
» diner : plusieurs spectateurs estoient esmeus à pleurs
» voyant une telle humilité en chascun. La nuit, en-
» viron les 10 heures, les petits enfans de la ville
» allèrent aulx jacobins et firent en sorte que iceulx
» se mirent en ordre et allèrent accompagnés desdits
» enfans en processions, et l'on leur fit ouverture de
» quelques églises où ils chantoient de beaulx canti-
» ques, et l'on commença à sonner presque partout,
» et la grande partie du peuple suivirent ladite pro-
» cession ne grande dévotion. Les religieulx de Saint-
» Symphorian ayant entendu le bruit se mirent en
» pareil debvoir, et nus pieds, accompagnés du peu-

» ple des fauxbourgs St.-Jean et St.-Jacques allèrent à
» St.-Lazare et Allonne.

« Le 3ᵉ octobre audit an 1583, les habitans de
» Clermont et Nointel et villages circonvoisins avec les
» gentilshommes et leurs familles accompagnèrent le
« clergé de tous lesdits lieux et y estoit porté le corps
» de Notre-Seigneur, autour duquel lesdits gentils-
» hommes et aultres des plus apparents dudit Clermont
» estoient avec torches ardentes, et tous revestus de
» blanc, nus pieds, en chantant cantiques à l'honneur
» de nostre Dieu, de la Vierge et des Saints ; et
» aiant entendu qu'ils venoient en cette ville, Messieurs
» du clergé, accompagnés de Messieurs de la ville et
» de la justice, allèrent au devant jusqu'à la porte
» de Bresles ; et les rues estant toutes pavées et ten-
» dues de linge par ou ils passoient, et vindrent à
» St.-Pierre, où fut chanté le *Te Deum* avec une
» grande dévotion et joie de tout le peuple ; et après
» ung chacun en recevoit en sa maison pour les loger
» et festoyer ; et fut distribué aulx pauvres du pain
» et du vin par le clergé de la ville : le lendemain
» matin se retrouvant à St.-Pierre, fut chanté la
» messe et après la prédication ; et s'en retournèrent
» par le faubourg St.-Quentin, les rues estant tendues,
» et après avoir fait leurs dévotions à l'abbaye, allè-
» rent à St.-Lucien, où fut encore chanté la sainte
» messe ; et là prindrent congé du clergé et de Mes-
» sieurs de la ville et s'en retournèrent. Aulcuns s'en-
» quérant quelle estoit l'occasion de telle procession,
» disoient qu'il avoit été vu par aulcuns comme ve-
» nant du ciel un globe de feu en forme humaine.
» Je ne sais qu'il en est. Ils estoient en nombre de
» 5 à 6000.

« En novembre audit an les habitants de Mantes,
» avec les lieux circonvoisins bien en nombre de 17
» à 1800, firent semblable procession et allèrent à
» Houdenc, et y avoit au moins 1000 torches sans
» les aultres flambeaulx, chose merveilleuse d'avoir pu
» loger dans ledit Houdenc si grand (nombre) quoi-
» qu'il soit petit. J'ai vu lesdites choses. »

Mais, si l'on veut étudier l'époque du temps de la Ligue à partir de l'année 1589, alors les événements se pressent et se diversifient beaucoup : mais ce sont toujours des fléaux quoique d'une autre nature. Ce sont des sorties fréquentes des garnisons de Beauvais, des courses multipliées dans les environs soit de la part desdites garnisons, soit de la part des garnisons ennemies qui ne sont autres que les royalistes, dits en ce temps réalistes. Aussi ne voit-on qu'incendies de villages, sièges, prises et sacs de forts et de châteaux, pillages dans les bourgs et les campagnes : tout le pays est désolé. Quelques bruits de paix laissent pourtant à penser que la paix pourra bien se rétablir en 1593.

Les hommes les plus influents de cette époque dans l'un et l'autre parti, sont : messire Nicolas Fumée, évêque et comte de Beauvais, réaliste ; quelques habitants de Beauvais tenant le même parti, que l'auteur des mémoires appelle toujours le parti contraire ; de fameux partisans ou coureurs de grands chemins aussi du même parti ; et du côté de la Ligue, la masse du peuple, la plus grande portion du corps de ville, et notamment le maire Nicolas Godin ; et plusieurs des capitaines des garnisons de Beauvais.

Les mémoires dont il s'agit donnent des détails peu

connus jusqu'à présent sur la personne de messire Nicolas Fumée, évêque et comte de Beauvais.

Cet évêque fait son entrée solennelle le 8 octobre 1577, c'est-à-dire, qu'il vient de l'abbaye de St.-Lucien, pieds nus, par une pluie battante, qu'il entre par la porte de l'Hôtel-Dieu, et est reçu avec les solennités accoutumées tant par le corps de ville que par le chapitre et le clergé.

Il n'aimait pas beaucoup la prédication quoiqu'il fut fort en état de bien prêcher : l'auteur le blâme vertement de ce silence, il lui applique ce brocard : *Episcopi esse volunt, sed prædicare nolunt.*

Le 27 février 1589, ce prélat, et le sieur de Boufflers, grand-bailli de Beauvais, jurent solennellement le maintien des articles qui contenaient l'union. Ce serment est fait en l'église cathédrale de St.-Pierre à l'issue de la messe, sur le missel. Voici le récit de cet événement (f°. 32 du Ms.)

« Le sieur d'Aumale, accompagné d'assez bonnes
» compagnies, vint de Paris et arriva en ceste ville
» le dimanche 26 février 1589 : il lui fut fait une
» belle réception par Messieurs de la ville accom-
» pagnés de la compagnie des arbalestriers à che-
» val avec la cornette, tous vestus de mantilles, les
» unes de velours et de fine serge noire avec la croix
» blanche, une autre compagnie de volontaires de 100
» chevaulx tous (portant) la cuirasse, et les autres
» compagnies de pied en bon ordre, qui allèrent jus-
» ques à St.-Lazarre, et d'y là jusques à St.-Pierre.
» Tous les habitans estoient en armes en haie. A son
» arrivée, il fut tiré quatre pièces de canon au mar-
» ché, et alla descendre à St.-Pierre, où se chanta

» le *Te Deum*, et puis fut à la procession à l'Hôtel-
» Dieu où estoient l'oratoire. Le lendemain fut chanté
» audit St.-Pierre où il assista avec l'évesque et beau-
» coup de noblesse, une haute messe du St.-Esprit;
» après laquelle il fut dressé ung banc devant le grand
» autel, où fut posé ung missel, et puis fut lu hau-
» tement par ung conseiller de la court nommé....,
» qui pour cet effet accompagnait ledit sieur, tous les
» articles qui contenoient l'union. Après que ledit sieur
» Evesque et autres eurent entendu la lecture, ledit
» conseiller leur fit faire serment sur le saint Evangilo
» de y vivre et faire tout debvoir et la garder; et
» l'Evesque ayant juré et signé, les autres après selon
» leur qualité, le sieur de Boufflers commença le pre-
» mier; et puis l'Evesque mena ledit sieur d'Aumale
» descendre en son hostel. On prépara audit sieur ung
» logis au Pilier royal au marché, où se traitoient les
» affaires au conseil dudit sieur. »

Au mois de juin de la même année, sur l'avis donné par le sieur d'Aumale audit sg^r. Evêque que messieurs de la ville ne se fioient pas à lui, ledit sg^r. Evêque et le sieur Gouyne, doyen, sortent furtivement de Beauvais, vont de pied à St.-Lucien, et se retirent à Bresles. Là, l'Evêque et Comte de Beauvais continua à tenir et favoriser le parti réaliste; et ce fut lui qui, à la suite du roi de Navarre (Henri IV), conduisit à Compiègne le corps du roi Henri III, assassiné à Saint-Cloud au mois d'août 1589; circonstance de la vie de notre évêque ignorée jusqu'à présent.

L'évêque revint ensuite à Bresles où il continua de résider jusqu'au 19 novembre 1590, jour de la prise dudit château de Bresles par la garnison de Beauvais.

Cet événement est assez curieux pour que je vous en communique l'extrait (ms. f°. 66 et suiv.)

« Monsr. de Brouly qui ne demandait que commettre
» grand ravage, s'advisa que l'évesque estant à Bresles,
» et qui favorisait le parti contraire, qu'il seroit bon
» d'aller et s'emparer de la place, et pour parvenir
» à cet effect, il avoit ung de sa compagnie, nommé
» le capitaine Auger, qui avoit esté autrefois laquais
» de Mon^r. de Rieux, et qui savoit les adresses du
» parti, et qui avoit familiarité avec le capitaine Du-
» cain qui gardait ledit Bresles. Or, ledit Brouly ne
» vouloit y aller sans le consentement de messieurs de
» la ville ; et pour cest effect mons^r. de Saisseval es-
» tant en ceste ville, advisèrent qu'il iroit au chasteau
» de la Neuville-en-Hez, et lui à Bresles, et pour y
» faire condescendre mons^r. le maire avec aulcuns de
» la ville, ils furent invités par mons^r. Desmazures,
» lieutenant dudit Brouly, à disner chez lui avec mons^r.
» Lucquin et Saisseval et de Vincy, chantre ; et advint
» qu'ung seigneur de la maison de mons^r. de Guise
» passant par ici, fut invité par le maire à disner à
» sa maison, et par consequent mons^r. Lucquin, si
» bien qu'ils ne s'y trouvèrent point, et n'y eut que
» les autres susnommés qui complotèrent ledit fait. Or,
» ledit Desmazures aiant envoyé reconnoistre le tout
» audit Bresles, fit accoustrer 5 ou 6 de ses soldats en
» femmes de village, et estant tous audit Bresles, la
» nuit du 19e novembre 1590, ils allèrent proche ledit
» chasteau ; et les soldats estant déguisés prièrent les
» gardes d'ouvrir la porte pour sauver leur bestiail,
» et que les garnisons de Beauvais estoient à la cam-
» pagne : et leur aiant ouvert la porte, et estant en-

» trés, le capitaine Auger avec, les gardes furent bien
» estonnés; et criant, le capitaine Ducain y accourut
» demi habillé avec son espée, et aiant reconnu ledit
» Auger, fut bien esbahi, et se pensant mettre en dé-
» fense, il ne put, et ledit Auger le tua; et lors es-
» tant entrés de furie partout ils prindrent les serviteurs
» dudit sieur Evesque prisonniers; et lui estant dans
» sa chambre, pensant que l'on le dust tuer, estoit
» en grand esmoi, et n'estant encore couché, il souffla
» la chandelle pensant se sauver; mais il fut rete-
» nu avec M. Claude Gouine, doien, et les vouloient
» amener prisonniers en ceste ville; mais ils prièrent
» tant, qu'on les mena à Noion: et puis on pilla toute
» la maison, qui fut un ravage si grand que l'on l'es-
» tima à 100,000 livres car tout le buffet dudit Eves-
» que, avec sa chapelle, croche, mitre, et ses deniers
» monnoiés tant à lui qu'à plusieurs de ses amis de
» Paris qu'ils y avoient envoiés à cause du siége de
» Paris, et aussi à aulcuns des habitans dudit Bresles,
» avec infinis de grains, vins et autres meubles pré-
» cieulx, c'estoit chose pitoiable; et si il n'en revint
» rien au profit de la ville, et si ledit Brouly en ré-
» compensa si mal les soldats que plusieurs l'en quit-
» tèrent; et quand on leur demandoit pourquoi, ils
» s'offroient de faire service à la ville six mois pour
» rien et que Brouly leur fit part du butin de Bresles.
» Monsr. de Saisseval alla à la Neuville et s'empara du
» chasteau, et y laissa le procureur du Roi de la Neu-
» ville avec aulcuns soldats de pied. »

L'évêque Nicolas Fumée et le doyen Gouyne, étant sortis de Noyon moyennant rançon, suivirent constamment le parti du roi de Navarre; le Ms. apprend que cet évêque alla à Mantes avec quelques refugiés de Beauvais, enfin que l'on reçut nouvelle à Beauvais qu'il était décédé à Chartres le 3 mars 1593. Ainsi se trouve vérifiée la date précise de la mort de cet évêque que les uns avaient fixée à l'année 1593, et d'autres à l'année 1592; incertitude venant de l'usage où était peut-être encore le chapitre de Beauvais de ne compter le renouvellement de l'année que du jour de la fête de Pâques.

Le sieur Nicolas Godin, l'un des meneurs de la Ligue à Beauvais, maire de cette ville, ainsi que le corps de ville qu'il présidait, sont assez souvent blâmés par l'auteur des mémoires, à cause des mesures par eux prises dans l'intérêt de la conservation de la ville de Beauvais au parti de la Ligue. Le récit de l'élection du maire Nicolas Godin vous paraitra surement assez curieux, parce qu'il contient un aperçu ou sommaire des débats qui surgissent toujours en pareil cas dans les moments critiques (ms. f°. 39.)

» Le premier jour d'aoust, qui est le jour de l'élec-
» tion des maires; or Mr. Georges Leboucher, qui l'es-
» toit pour lors en sa seconde année, il désiroit en
» estre deschargé, nonobstant que l'on l'ait continué
» 3 ans; joinct que le peuple, la pluspart du moins,
» ne l'avoient en affection, le tenant comme suspect,
» ou qu'il estoit trop simple; cause pourquoi il fut
» trouvé que Nicolas Godin avoit les plus de voix, et
» lui allant signifier, il ne voulut accepter ladite
» charge, et ne comparut à la commune, comme est
» la coutume; et aiant esté appelé par 3 fois, il fut
» donné défaut contre lui en peine de 200 livres. Or
» lui fut signifié de nouveau, il lui fut remonstré par

» les docteurs qu'il ne debvoit refuser ladite charge ;
» enfin il l'accepta, et le lendemain presta serment.
» Je ne sais qui le meust à ce faire, ou si c'estoit
» pour faire bonne mine ou autre cause ; mais d'au-
» tant qu'il avoit esté cause en partie de nous liguer,
» c'est pourquoi il falloit plus tot qu'il en fut chargé
» que ung autre. Car ledit Leboucher n'y avoit voulu
» entendre doutant que l'on ne lui en voulut enfin
» pour s'estre ligué et sublevé contre son prince. Or
» le lendemain y eust encore de la controversie à l'é-
» lection des pairs : car tous iceulx remercièrent le
» peuple et prièrent de en mettre d'autres en leurs
» places ; et néanmoins il n'en debvoit sortir ceste année
» que ung, qui estoit mons^r. Flory, advocat : or ceulx
» du corps aiant donné leurs voix à Claude Evrard au
» lieu dudit Flory, quand se fut à demander les voix
» du peuple, mons^r. Lange, médecin, commença et
» remonstra comme bien zélé, qu'il ne falloit que des
» hommes audit corps que fidèles ; et d'autant que
» Cardin-Vacquerie, qui en estoit, avoit toujours été
» des amis et agens de nostre Evesque, il remonstra
» que pour ceste occasion il en fut démis ; ce que
» chascun trouva bien : et y eust encore beaucoup
» de débats, d'autant qu'une bonne partie des plus
» affectionnés qui en nommèrent 5 ou 6 encore pour
» sortir, outre ledit Vacquerie, entr'autres le lieute-
» nant Galoppin, qui fut mis lieutenant au lieu de
» mons^r. Choflart, qui en avait été démis à cause qu'il
» avoit esté aulx estats, et que l'on se mesfioit de lui.
» Pareillement aussi mons^r. de Catheu, lequel alors re-
» monstra que le peuple ne sçavoit ce qu'il vouloit
» faire, et qu'il vouloit innover choses nouvelles. No-

» nobstant ses remontrances, le peuple insistoit au con-
» traire, et que les pairs et officiers estoient tous les
» ans électifs si l'on vouloit : au contraire il soutint
» que non, et qu'il y avoit longtemps que la pratique
» estoit de les continuer 3 ans. Enfin, ils demeurèrent,
» excepté ledit Vacquerie. »

A l'égard des capitaines des garnisons de Beauvais, les plus célèbres sont les sieurs de Saisseval, de Brouly, de Gribauval, et autres. Tous font preuve du plus grand zèle pour la défense de Beauvais; mais tous aussi, à l'exception du sieur de Saisseval, qui paraît toujours fort modéré, sont avides de butin, aimant à vivre de larcins et de pillage. L'histoire du siége et du sac du château de Crévecœur vous donnera une idée de l'avarice et de la convoitise de ces capitaines. (ms. f°. 61.)

« Or le Vendredi-Saint, 20ᵉ avril 1590, tout son
» régiment, avec les compagnies de la ville, une pièce
» de canon et des eschelles, sortirent la nuit et fu-
» au jour audit Crévecœur, où estant arrivés, ils ne
» trouvèrent résistance audit chasteau pour n'y avoir
» personne que 3 ou 4 coquins, qui s'y retiroient
» pour voler par les champs, et tenoient quelques
» marchands prisonniers, qui s'eschapèrent, et lesdits
» furent amenés prisonniers. Or monsʳ. de Crévecœur
» n'y avoit laissé que quelques anciennes damoiselles
» pour tenir la maison ouverte estant accommodée de
» vivres et de tous meubles pour recevoir les princes
» et seigneurs qui y passeroient, comme avoit fait
» monsʳ. d'Aiguemont, monsʳ. du Maine, qui y furent
» bien reçus; mesme que ledit sieur du Maine avoit
» laissé aux dites damoiselles une sauve garde, laquelle

» fut monstrée audit Gribauval, qui n'en tint compte :
» ains estant entré dedans avec ses capitaines, fit faire
» ouverture partout, et y fut trouvé de grandes ri-
» chesses et précieux meubles tant dedans le cabinet
» que es chambres parées de diverses sortes avec les
» armes de ses anciens prédécesseurs que enseignes qui
» furent descoupées par les soldats et tant de belles
» choses antiques. Or les habitans s'estant retirés dans
» l'église, pensèrent tenir bon : il fut tiré 3 coups
» de canon au clocher, et au 3e coup il fut cassé,
» qui fut perte à la ville de plus de 200 livres; et
» estant entré dans ladite église, pillèrent tout et jus-
» ques au saint-ciboire; qui estoit chose pitoiable, sans
» respect du lieu, ni des meubles sacrés et en faisoient
» des acoustrements. Or aiant les soldats pillé aussi
» tout le village, les chevaux des habitans furent pris
» et l'on amena tous lesdits meubles ; et Gribauval
» avec le capitaine Englegneville s'en alla à Abbeville,
» et emmena avec lui les plus précieux meubles, et
» les laissa à sa femme qui y estoit. Il y laissa en
» garnison le capitaine de Caen avec sa compagnie,
» avec encore quelque nombre des soldats des autres
» compagnies pour crainte d'être repris ou pour cepen-
» dant faire tout enlever de ce lieu. Ledit capitaine
» de Caen ne s'oublia et en eust plus que pas ung,
» et entr'autres eust les armures et harnachures des
» chevaulx qui estoient fort riches ; et cependant on
» ne cessoit d'amener ; et le jour de Pasques ledit de
» Caen revint, et fut envoié en son lieu le capitaine
» Lahaie, qui ne faisoit que d'arriver, n'estant venu
» au commencement avec le régiment, et parcequ'il
» n'estoit logé, fut là envoié : et ledit de Caen fit

» venir tant de bleds et avoines, dont il y avoit grande
» quantité audit lieu, sans avoir esgard au jour de
» Pasques, ne cessoient de faire charrier et amenèrent
» aussi plusieurs laboureurs prisonniers qu'ils tiranni-
» soient piteusement et des autres villages circonvoisins,
» et voloient partout, le maire ne s'en souciant. Or
» ledit Lahaie vendoit du bled à tous venants; et Gri-
» bauval sçachant cela, y envoia aulcuns des capitaines
» le jour de quasimodo, et aiant connu le fait, ils
» amenèrent ledit Lahaie; et estant arrivé, Gribauval
» le mena à la ville tout devisant, et le tenant proche
» de l'Evesché, il le désarma et le mena lui-même es
» prisons. Or cependant on y envoya la cavalerie, et
» prindrent tous chevaulx et charettes des villages, et
» firent amener le plus de bled qu'il purent, chascun
» capitaine en eust pour soi vendre, et en fut vendu
» grand'quantité aulx boulangers. Ledit Lahaie avoit
» aussi vendu grand'quantité de vin qu'il trouva en
» une masse. Or messieurs de la ville ne firent, sauf
» meilleur advis, bien. Car puisqu'on avoit envie de
» s'emparer de ceste place, il eust esté bon y envoier
» 2 desdits pairs avec ung greffier, et ne laisser entrer
» dans la place que Gribauval et les capitaines, et en
» leur présence faire inventaire et amener le tout et
» des bleds, vins et autres vivres, en vendre pour les
» payer et leur donner encore quelque honneste pré-
» sent pour leur peine : l'on eust fait deulx biens,
» l'ung qu'ils eurent conservé ledit meuble et eussent
» eu du bled pour faire magasin pour une nécessité,
» et l'autre qu'ils eussent acquis honneur et sans en-
» courir la haine de ladite maison; et peut estre qu'il
» nous en arrivera malheur, et si Dieu n'y eust esté

» tant offensé. Mais plusieurs ont eu part au butin qui
» n'en disent mot. On fait estime dn butin de ladite
» maison à 100,000 livres. On laissa pour garder ledit
» chasteau, 10 hommes de chaque compagnie : car on
» disoit que ledit sieur de Crévecœur pratiquoit pour
» venir reprendre sa maison : mais ne fut rien. Ains
» est dit qu'il eust une belle patience, aiant reçu les
» nouvelles en louant Dieu. Je ne sais qu'il en est :
» mais sa femme et enfans s'en indignèrent fort. »

Quant aux capitaines royalistes, ils rendirent bien la pareille aux gens du parti de la Ligue. Le plus célèbre d'entr'eux est certainement le sieur de Mouy, résidant au château de Mouy a cinq lieues de Beauvais. Ce que les mémoires dont s'agit renferment de plus curieux à son égard, est le récit de sa prise par un parti de la garnison de Beauvais; et c'est par là que je terminerai la lecture des extraits de ces mémoires qui m'ont paru les plus propres à exciter votre attention (ms. f°s. 88 et 89)

« La nuit du 27 au 28 juin, le sieur de Saisseval
» revint d'Amiens et aussi qu'il se venoit de reposer,
» et entrant à la ville environ 9 heures et demie,
» arriva ung habitant de Savegnies qui alla advertir le
» maire que Mouy estoit passé qui s'en alloit à son
» village avec environ 30 quevaliers et grand nombre
» de munitions qu'il amenoit de Dieppe et venoit de
» conduire les Anglais. Or on advertit incontinent Sais-
» seval, qui ne tarda pas à estre à cheval avec les
» siens, et le sieur de Vine, mons^r. de ville et autres
» gentilshommes, et allèrent pour couper chemin, et
» dressa embuscade en plusieurs endroits; enfin, fut
» si bien quevallé qu'aiant reconnu qu'il prenoit du

» vin à Tillard avec quelques ungs des siens on eust
» patience, et laissa-t-on passer quelques laquais avec
» du bagaige à fin qu'ils ne se doutassent de rien, et
» aiant destourné le gros près....., les avant-coureurs
» se ruèrent dessus, et le gros aiant oui l'escarmouche,
» vindrent, et à la furie, y en eust plusieurs tués,
» entr'autres y fut fort bléché (sic) mons^r. de Palcheu,
» gentilhomme d'auprès de Dieppe, huguenot, et qui
» estoit gouverneur à Neufchatel. Quand il fut pris, il
» estoit bléché (sic) en tant d'endroits que le sieur de
» Saisseval ne le put faire amener. Car l'aiant fait mettre
» sur ung cheval, on fut contraint de le laisser à la
» place, et donna sa foi audit Saisseval, que s'il re-
» venoit en convalescence de se venir rendre prison-
» nier : et aussi fut fort blessé mons^r. de Rueul. Or
» Mouy voyant qu'il ne pouvait éviter ou d'estre tué,
» ou pris, son cheval estant tombé, se sauva dans le
» bois; qui fut cause de lui sauver la vie; car n'y
» pouvant entrer de furie on le prit à merci. Toute-
» fois celui qui entra le premier après fut ung nommé
» Mullot, de la chaussée du bois d'escu, de la com-
» pagnie de Saisseval, qui le saisit au collet, et s'es-
» tant rendu, il lui jeta ung coup de coutelas pour
» lui penser donner à la gorge; mais ledit Mouy prit
» le coutelas à la main et rompit le coup, et fut ung
» peu blessé à la face et à la main; et lors estant
» rendu, on eust bien de la difficulté à le faire monter
» à cheval, redoutant fort de venir à Bauvais; il fut
» bien deux heures couché sur son manteau, comme
» pâmé, ne voulant entrer à Beauvais. Or estant ainsi
» couché, Falampin alla de furie criant : tue, tue, et
» le vouloit tuer; mais mons^r. de Saisseval et les au-

» tres lui dirent que ce n'estoit point fait d'homme de
» guerre après s'estre rendu de tuer et que s'il s'en
» fut immiscé, on l'eust tué lui-même : mais ce fut
» une grande faute ; car la chose en fut passée aussi
» bien que de Bonnivet, et le méritoit bien pour estre
» le cruel ennemi du païs de Beauvaisis et de son
» propre païs, aiant fait des maux infinis : mais son
» heure viendra quand il plaira à Dieu. Toutes fois
» nous avons l'espérience de Gremeviller, qui aiant
» esté prisonnier longtemps, enfin estant libéré, il fait
» bien des maux. Or on envoia tout le bagage et che-
» vaulx, environ 50, et quelque 5 ou 6 prisonniers
» devant, conduits par Desduit (*sic*). Il y avoit ung
» coffret où il avoit bien de l'argent : car ledit Palcheu
» dit au capitaine Lasalle qu'il y en avoit à lui. Il y
» avoit aussi plus de 100 paires de souliers de maroc-
» quins et autres plusieurs marchandises ; et des mar-
» chands qui s'estoient accompagnés avec lui de Dieppe
» pour aller à Senlis et ailleurs vendre leur marchan-
» dise ; et y avoit des chasse-marée ; leur marée fut
» vendue. Ledit Mouy faisoit mener ung beau cheval
» en main, qu'il faisoit amener pour se sauver au be-
» soin ; mais ne se doutant de rien, il ne le prist ; et
» celui qui le menoit aiant vu les descouvreurs (*sic*),
» monta dessus et se sauva : et y eust ung....., qui
» lui ouvrit sa porte et le cacha, et referma les portes
» à ceulx qui le poursuivoient ; et n'en pouvant avoir
» raison, ils l'amenèrent prisonnier : il faut qu'il le
» rende ou le paie. Or l'amenant, quand se vint à
» Saint-Jacques, mons^r. de Saisseval envoia mons^r. de
» Ville avec quelques autres vers messieurs de la ville
» leur dire que ledit sieur ne l'ameneroit point dedans

» Beauvais, s'ils ne promettoient sur leur foi de ne
» lui point oster : car il craignoit que s'il estoit pris
» quelquefois que c'estoit pour le ravoir ; ce qu'ils lui
» promirent. Son lieutenant fut pris aussi. Il ne voulut
» estre pansé des barbiers de Beauvais : il demanda
» M°. Martial qui l'alloit panser. En l'amenant par la
» ville, plusieurs lui disoient : *à la honte*, et y avoit
» grand nombre de peuple, tant on estoit esjoui. Ce fut
» un grand bien : car il nous eust fait du mal pour
» faire l'aoust. Ledit Mouy avoit mandé son chirurgien
» Me Guy, mais le maire ne lui voulut accorder ; et
» depuis il fut pris par quelques soldats es environs de
» cette ville et fut amené prisonnier. Il fut mené à
« l'Evesché au lieu ou avoit esté Rubempré. Les com-
» pagnies le gardoient. Il fut interrogé pourquoi il avoit
» tant fait de mal en ce païs comme estant sa patrie,
» et que plusieurs autres voisins gentilshommes d'ici
» n'avoient fait comme lui, comme Marivaulx, Rumigny
» et autres. Il respondit que si on eust jamais pris
» Bresles, le roi de Navarre n'y eut jamais mis garni-
» son ; et qu'aussi on lui avoit donné occasion, aiant
» esté brûlé une partie de sa maison, et la démolir,
» joint que son roi lui commandait de faire la guerre
» le plus qu'il pouvoit comme gouverneur au Beau-
» vaisis ; et en se plaignant des prisonniers qu'il détenoit
» si longtemps, il disoit qu'on faisoit encore pis des
» siens à la ville, et avoit escrit à messieurs de la ville
» peu auparavant sa prise, pour respondre sur ce
» qu'on lui mandait que s'il ne rendoit les prisonniers
» pour aucun que l'on tenoit, qu'on les feroit pendre
» comme voleurs, il respond que s'ils vouloient faire
» pendre les voleurs, qu'ils commençassent à eulx-

» mesmes : et dit aussi qu'il estoit à l'entreprise que
» l'on avoit dressée pour escalader Beauvais, et qu'il
» avoit la pointe, et que si les ponts eussent été assez
» long, ils y fussent entrés malgré les habitans, estant
» fort grand nombre; car il dit que nous n'avions point
» de chef de guerre pour conduiste, ni de garnison :
» car mons^r. de saisseval estoit absent, et disoit que
» nonobstant les advertissements que l'on n'eust sçu
» résister à si grand nombre, s'il eust pu accrocher
» quelques eschelles.

» On faisoit courir le bruit que Mouy avoit dit qu'il
» bailleroit au maire une liste de grand nombre d'ha-
» bitans qui avoient intelligence avec le Béarnais, et
» qu'ils sçavoient l'entreprise qui avoit esté dressé sur
» la ville, et la signature d'eulx. Or l'on fit par le
» moyen de Me Martial demander audit Mouy ce qui
» estoit de ce bruit : il dit que c'estoit faulx et que
» le maire, s'il disoit cela, en avoit menti, et qu'il
» n'avoit nul accès avec aulcun de la ville, et que
» mesme il ne sçavoit l'entreprise pas 12 heures aupa-
» ravant, et qu'il pensoit que ce fut pour Ponthoise,
» et que s'il l'eust sçu, il eust dit que les bateaux,
» que l'on faisoit, estoient trop estroits, et autres choses
» que l'on faisoit pour cest effect.

» Le 30e et dernier juing 1592, les capitaines Blangy,
» Lasalle et Latour, avec 150 soldats des leurs, s'en
» allèrent, et mons^r. de Saisseval avec les autres gen-
» tilshommes, environ le nombre de 100 bons chevaulx.
» Le sieur de Lafalaise emmena aussi quant à lui le
» sieur de Rueul sur sa foi pour le faire panser à sa
» maison. Ils allèrent à .... en passant. pour
» tascher de le surprendre; mais ceulx du fort ne s'en

» estonnèrent beaucoup : ils s'en allèrent à Abbeville,
» et le sieur d'Aumale avec ce qu'il avoit mandé d'ail-
» leurs, les alla trouver.

» Il fut surpris par ceulx de Bresles ung nommé An-
» toine de Sommereux, proche des vignes, auquel on
» demandoit grande rançon. Or ung sien frère, qui
» estoit de ceulx qui alloient garder Mouy, menaça
» ledit sieur qui escrit (*sic*) afin de rendre son frère,
» ce qu'il fit : mais ils n'en firent rien : car ils disoient
» ne se soucier de Mouy, et faisoient plus la guerre
» que jamais, si bien que s'il coûtoit 50 livres à garder
» icelui, ils en volèrent 300 livres. »

Messieurs, ces mémoires, vraiment curieux, m'ont paru devoir faire partie des copies de manuscrits dont je voudrais voir s'enrichir la bibliothèque de notre comité. Je les ai donc copiés sur le même format que ceux que j'ai déjà donnés ; de plus j'ai eu soin de porter en marge de la copie le sommaire de chaque fait particulier, en sorte que la série de ces sommaires prise isolément, composera une partie des tablettes historiques du Beauvaisis pour l'époque de 1573 à 1593.

Amiens.— Imp. de Duval et Herment, place Périgord, 1.

www.ingramcontent.com/pod-product-compliance
Lightning Source LLC
Chambersburg PA
CBHW070449080426
42451CB00025B/2089